JN424955

낙엽단상

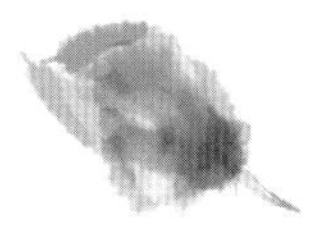

박옥위 시조집

목언예원

이 도서의 국립중앙도서관 출판예정도서목록(CIP)은 서지정보유통지원시스템 홈페이지(http://seoji.nl.go.kr)와 국가자료공동목록시스템(http://www.nl.go.kr/kolisnet)에서 이용하실 수 있습니다.(CIP제어번호: CIP2016023243)

낙엽 단상

지은이 · 박옥위
펴낸이 · 민병도
펴낸곳 · 목언예원

초판 인쇄 : 2016년 9월 25일
초판 발행 : 2016년 9월 30일

목언예원
출판등록 : 2003년 2월 28일 제8호
경북 청도군 금천면 선바위길 53 (신지2리 390-2)
전화 : 054-371-3544 (팩스겸용)
E-mail : mbdo@daum.net

ISBN 978-89-94733-44-9 03810

본 도서는 2016년 부산문화재단 지역문화예술육성 지원사업의 일부지원으로 발간되었습니다.

가격 : 10,000원

낙엽단상

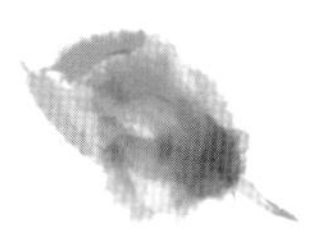

박옥위 시조집

목언예원

■ 시인의 말

비를 품은 산과 바다

산 밑 마을엔 잔치국수 삶는 김이 솟아오르는지
바다 마을엔 진홍의 살풀이 너울 휘돌아 춤을 추는지

뭉클 내 가슴속의 안개가 일어나 구름궁전 만들며
화답하노니

한순간 솟아오른 듯 사라지고 마는

시는 내 영혼의 안개

그 속에서 아직 나는 있다
침묵하며
침묵하지 못하며

2016년 9월
박 옥 위

CONTENTS

낙엽 단상

— 박옥위 시조집

PART 03 | 벚꽃아래 • 49

01 낙엽단상

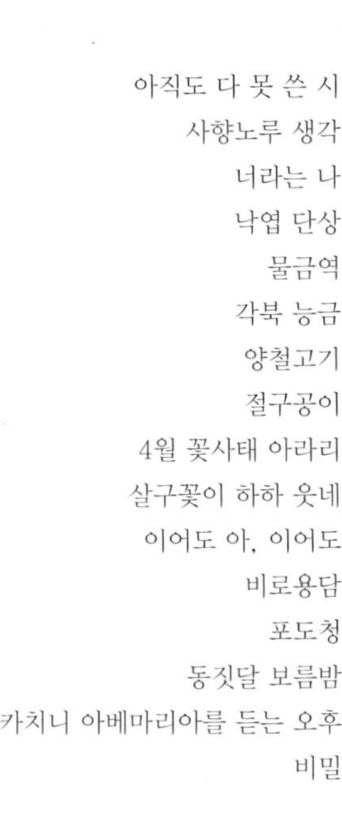

아직도 다 못 쓴 시

카톡에 그가 띄운 카치니 아베마리아

인생은 사랑이라고 절망하지 말라며

고개를 끄덕여주는 한 여인을 바라본다

출근길 재촉하는 젊지 않은 그를 보며

엄마는 죽지 말라는 아이를 사랑하며

아직도 다 못 쓴 시가 나를 지탱하느니

사향노루 생각

그 몸이 향기인줄 죽어서도 모른다

시 찾아 헤매 다닌 사향노루 한 마리

지나온 발자국 따라 목이 긴 풀꽃 핀다

넘어 온 일흔 봉우리 아슬 토록 먼 길이

참으로 잠시란 걸 새삼스레 알다니

여뀌꽃 분홍봉오리 어여쁘게 핀 새벽

너라는 나

나라와
부모와
고향산천과
네 가슴

갈수록 깊어 가는
영원불변의 봄빛이여

꽉 차고
차고 넘쳐도
아리듯이
그
리
울

낙엽 단상

살아도 잘 살기란 거기서 거기라고
살아본 나뭇잎이 나무를 떠날 때
몸으로 부딪힌 말들이 바알갛게 타오른다

고 작은 이파리에 갈 길을 물어보며
자벌레 하루살이 갉고 간 문장들이
때로는 비문秘文이 되어 신전에 바쳐진다

갈 길을 미리알고 떠나는 성자같이
단풍도 떠나는 날 꽃단장이 눈부시다
후회도 눈물도 없는 가을하늘 말끔하다

물금역

무궁화 완행열차로 물금역에 다가가면

역장은 물 그음 하고 비음을 내지만

아득히 떴다 갈앉는 자리 그리움이 남는다

가령 물금은 물건 값을 말하지 않는다

물 그음, 그 비음의 쓸쓸함을 따라가면

여운이 끝나는 어디쯤에 어머니는 계셨을까

불치병에 숨져가던 어린 손자를 품어 안고

수염 하얀 명의를 찾아 물금역을 찾아가던

물 그음, 그 비음 끝에서 손을 젓는 내 어머니

각북 능금

각북 능금은 소뿔 뒤에서 익는단다
가을이 오면 더 맑은 풀벌레소리가
능금에 시를 적는 밤 시인의 집에 달 뜬다

꽃피고 지면 배꼽자리가 커가는 동안
뻐꾸기 울음은 하늘빛을 물어 와서
동그란 옹기항아리에 충 충 단물이 괸단다

그래 그 모난 울음이 말갛게 익고 서야
노동은 물같이 아름다웠다 말 할 테지
서늘한 그리움들이 소뿔 뒤에 매달릴 때

양철고기

풍경風磬 속
양철고기 가랑가랑 독경 한다

스님은 칩거하고
꽃들도 잠든 절간

햇살이 내소사 꽃살문과
함께 졸고 있는 날

어쩌다 물을 잃고
추녀 끝에 매달려서

팔라당팔라당
세상일을 떠났을까

날아온 되새 한 마리

"까악!"

놀라 날아간다

절구공이

싱겁기는
키가 멀대
하던 일도 다 잃고

민속관 절구통에 머쓱하게 걸터앉네

더운 김
술술 퍼 올리며
찰떡 한번
찧고 싶다

문명에
목줄 잡힌
저 아재의 허방다리

쌀방아 고추방아 풍류 읊던
백결선생

한때가 다 있었느니
풋풋하던
그
웃음

4월 꽃사태 아라리

꽃폈다
꽃 안 피면 어쩌겠노 사월에는
아픔이 절절하면 꽃이라도 피워야지
이 산하 골짝 골짝마다
만화방창 꽃 핀다

꽃 핀다 아리아리 사월은 꽃 사태다

대지도 구릉도 온 산하가 꽃 사태다

꽃 덮고 꽃 토하는 사월, 몸살 앓듯 봄 온다

슬픔아 내 아픔아 아리아리 꽃피어라
산과 들 강 바다에 꽃 깃발을 펄럭여라
사월은 꽃 피어 아리다
언제 진정 봄이 오나

살구꽃이 하하 웃네

새댁이 장독 뚜껑에 물옥잠을 띄워놓아
다릴 주욱 벋으며 암비둘기 목욕해요
초여름 조용한 현관 앞
혹옥잠 핀 욕조에요

현관문을 열려다 얼결에 닫는 새댁
망보던 수비둘기 종종종종 빙글빙글
자기야! 자기 자기야! 숨이 꼴깍 멎겠네

어떡하니 새댁이 유리창을 내다보니
산비둘기 부부 그새 나무 가지에 올라 앉아
제 간肝이 콩알 만해 졌다나
살구꽃이 하하웃네

이어도 아, 이어도

제주도 남녘바다 수천 길 심해 속에
그리움에 눈이 먼 이무기가 산다하네
전설에 검劍을 꽂으면 포효하는 안개 바다

그리움이 깊으면 외로움도 사위는지
바다로 간 지아비 돌아오지 못하는 섬
지어미 눈물로 뜨곤 하는 이어도가 있다하네

이어도, 이어도 사나 난바다 해무 속에
살을 풀어 춤추는 여인들이 산다하네
심해에 시추선을 놓고 찾아가네 이어도

비로용담

씻어도 얼룩뿐인 허물을 헹구면서

가을 하늘 한 너새를 마름질 해 둘러볼까

'핑'하고 비로용담에 가을 달빛 튕긴다

가슴속 지문이 청보라빛 물무늬라

손길만 맞닿아도 푸른 물이 쏟아질라

금강의 맑은 기운에 코끝마저 찡하다

견뎌보면 다 알지 그리움도 형벌인 걸

차마 갈수 없는 곳이 지척에 있다니

늦게 핀 비로용담이 파악 숨을 몰아쉰다

포도청

개펄자궁에
맨주먹을
불쑥불쑥
집어넣어

쑥 뽑아낸
세발낙지
환호성과
아우성

빼앗고 빼앗기는 자

목구멍이
포도청

동짓달 보름밤

스산한 도시의 지붕 낮은 달동네
장애 아버지를 제 곁에 앉혀놓고
밥술을 떠먹이던 소녀, 아버지 입 닦아준다

건너편 몇 집 돌아 슈퍼마켓 아저씨
쌀 한 말 둘러메고 '아재요' 부른다
'날씨가 땡 추워라요, 몸조심하시요이'

열한 살 그 소녀의 후원자 아주머니
김장김치 반찬까지 찬합에 담은 채로
슬며시 들여놓고 가네 할 말은 남겨두고

동짓달 보름달이 중천으로 떠오르고
젖은 삶의 뿌리에도 온기가 스미는 밤
산다는 그일 하나로 발밑이 늘 어둡다

카치니 아베마리아를 듣는 오후

소나기 한바탕 한 더위를 씻고 간 후
매미의 화답송이 푸르게 쏟아지고
여름은 점층 초록빛 에움 없이 푸르다

아이는 삐뚤빼뚤 성서를 쓰고 있고
나는 솔기를 펴가며 빨래를 개키고
카치니 아베마리아는 빗물처럼 흐르고

성모님 노래는 왜 그리 많아요? 엄마!
아이는 고린도 2서 7장을 삐딱삐딱 넘어가고
비 맞은 베고니아 꽃이 함초롬히 웃는다

그건 어머님께 드리는 간절한 기도란다
아이는 7장 13절을 살밋살밋 건너가고
아아아, 아베마리아~ 산마을도 푹 젖는다

비밀

등 뒤로
은밀히 달이 하나 솟아나서
나를 비추는 동안
그림자 길어진다
내 거기 벗어둔 남루
프리즘의 파장이여

죽어서
생명의 집이 되는 갈대 늪 아래
무수히 빛 켜드는
유충의 꿈이 있다
고요의 정점 끝에서
옷을 벗는
저 의식

02 돌복숭나무

뜰에 온 봄

1. 쑥

이 땅의 허기를 어찌 구할까 싶은지
봄 오자 젤 먼저 쑥이 쑥쑥 돋아난다
어쩌면 풀 나라 대통령도 새벽종을 울렸남?

2. 보리뱅이

뜰 한쪽 구석에도 보리뱅이 봄이 핀다
'맛이 쌉소름 하제' 어머니입맛 핀다
오는 봄 못 오시는 봄이 꽃대 하나 올린다

3. 돌나물

돌밭 사이 땅이라고 비집고 뿌리내려
그 삶이 모질어도 천성은 못 버리지
꽃만큼 어여쁜 초록, 확 틔우면 황금 별꽃

쫓겨나 돌담 가에 오도카니 올라앉아
약초를 캐고 싶다고 봄 해님과 나눈 얘기
꿈은 꼭 이루어진다고 바리데기 말하네

4. 쇠뜨기

속새 풀 피어난다 뽑을 수가 바이없다
뽑다말고 질긴 인연 사전에 물었더니
말려서 차 끓여 마시라네 은근히 약이 되네

줄기찬 번식력은 사람 위한 헌사임을
이제 사 알다니 풀에게도 미안한 맘
내일은 뜰에 앉아서 풀의 말을 듣겠네

돌복숭 나무

나무가 한생을 꽃피우고 열매 맺는 건
제 목숨 제가 깊이 사랑하는 까닭이라고
돌복숭 시린 봄날에 환한 꽃을 피우네

누가 먹다 던져 버린 그 말을 땅에 묻고
천연덕 피워내는 전생의 환한 오늘
사랑을 전해주려나 볼이 자꾸 붉어지네

이기대 동백꽃

이기대 동백꽃 가락지 풀지 않는다
핏빛이 베어나는 겹겹인 꽃봉오리
두 기녀 이름을 물어 동백꽃이 피고 있다

꽃불로 타는 울분 쪽빛바다에 펼쳐두고
질풍노도의 새벽이라 깍짓손 풀 것인가
목이야 댕겅 잘려도 옥반지 풀지 않는다

수영성 두 기녀는 어찌하여 동백인가
사초를 엄밀히 기록하지 않은 대죄
이기대 푸른 바다가 가슴을 쳐 내린다

논개는 남강에 '양귀비꽃 보다 더 붉'고*
이기는 바다에 동백꽃보다 더 붉어라
깍짓손 풀지 않는 까닭
동박새 울고간다

*변영로의 〈논개〉 일부

주상절리 돌국화

곧추 피운
실패가
그대 혼을 뺏어도

파도 끓는 이 자리가 그대의
꽃자리다

아픔을
끌어안고 웃는

네 모습이
절창이다

지칭개꽃

여기 앉으세요
중 늙은 한 여인이

슬그머니 일어나서
자리를 내어준다

지칭개 연분홍으로도
지쳐 피는 윤칠월

나는 좀 쉬었어요
가볍게 일어서는

쌉소롬 봄나물 같은
여인의 눈웃음

지칭개 지쳐서도 웃는
솜털 같은 해거름.

가을 강

물총새 물총 쏜 자리
시간이
움푹 팼다

물수제비 날리자
팽팽하게 받아내는

가을 강
금빛햇살조각
짜릿짜릿 금이 간다

쩡 하고 금이 가는
투명함을 향하여

강은 흐르고 싶다
유연히 푸르게

돌아본
하늘이 온통 불을
지르고 있다

혹시 날 찾능교?

반송동 골목길에 이른 봄꽃 흐드러진다

눈길 가는데 발길 간다는데 꽃밭이
환하네 큰 물통 작은 물통 큰 화분
작은 화분 사과궤짝에 섬초롱 백합
철쭉 채송화 장다리꽃 붓꽃에 접시꽃
천리향 아욱꽃 옥잠화 붉은 달개비에
보리까지 피네 오호 봄이 한창이네
하고 컴컴한 가게 안으로 고개를 디밀자
혹시 날 찾능교? 간장 된장 고추장
참기름에 식용유 깨소금 후추에
고춧가루 밀가루 당면소금에 까나리액젓까지
이름표를 달고 앉아 나를빤히 보는데
메르스 예방인가 고추방아만 넌지시
마스크를 하고 있네

어정쩡 이집 주인내외 평생 고추
빻고 살아도 꽃 없이는 못 산다네

해와 물의 시

해와 물이 쓴 시는 늘 나의 애송시다

거침없이 써 내려간 유장한 그의 시

슬며시 다가와서는 내 가슴에 북을 친다

시란 어둠을 견뎌 하얀 뿌리로 일어선다

가까운 강이나 넓은 바다에 나서보면

지금도 시 수수 편편이 하늘로 날아간다

물결의 반짝임과 빛의 춤을 보아라

시란 그래야한다 그걸 읽어야한다

도도한 생명의 흐름 그게 바로 시라고

겨울을 살아온 풀꽃 작은 숨결을 보아라

심장에 북을 치는 미담의 저 시어들을

너와 난 생명의 시다 나도 너의 애송시다

새로 핀 연두 이파리

새로 핀 연두 이파리 야들야들 열일곱

내 맘에 맺 — 힌 그 말을 전해 주 — 게

봉곳한 꽃봉오리가 열릴 듯 떨리더니

봉오릴 스쳐날던 명주 나비 한 마리

그 고운 두 — 눈 내 맘을 사로 잡 — 아…

나비야 날 잡아봐라

시속 70킬로

주행 중

*그 여자에게 내 말 전해 주게.(Rodolfo Falvo) 작곡. 나는 이 노래를 60년대 마리오 란자, 스테파노의 목소리로 듣고 불렀다.

봄 외포리

거가대교 넘자마자 외포리에 닿은 날은
썰렁한 바다마을 빨래 들이 사람 같다
간대에 흰 Y셔츠 씨, 부르스 한판 추네

겨울을 건너오며 헐렁해진 민박집
'수돗물 잘 나옵니다 가족 환영합니다'
다 낡은 현수막이 혼자 희극처럼 펄러덩

파도 타고 흘러든 패트병 스티로폼
제몫을 다하고도 갈 길 잃은 패잔병들
한적한 겨울바다에서 멱 감고 놀고 있네

쑥 내음 향긋한 도다리쑥국을 받아놓고
보오옹 옥포항 뱃고동 소릴 듣는 오후
살아서 따뜻한 오늘 봄빛으로 흔들린다

참, 어처구니라니

구상문학관에서 처음 꽃자릴 읊었을 땐
뜰아래 민속관에서 어처구닐 보았다
민속관 그새 사라지고
어처구니없었다

멧돌의 어처구니는 콩을 갈 때 쓰이고
용마루 없는 근정전에 어처구니 앉았다
어처 공 요철형제라니
참 어처구니없다

가슴에 천불나던 숭례문 불 있잖은가
타다니 불타다니 활활 불을 지르다니

툭하면 어처구니없는 일이
좀을 치고 있더군

우짜락 꼬오오오오

우리 집 장닭 이름은 우짜락 꼬오오오다

중병아릴 10마리를 분양받아 올 때 중닭
되거든 장닭부터 잡아먹고 암탉 다섯 마리에
장닭 한 마리만 기르랬는데 닭 잡을 사람
없어 성계가 되었겠다 복날에 잡아야지
그러다가 복날에도 영계백숙은 삼계탕
집에서 먹었겠다 그런 한 날 대낮에 암탉이
냅다 소릴 질러 아이쿠나 드디어 알을
낳앗나보네 화색이 돈 안주인 닭장에 이르자
알은 고사하고 암탉 정수리에 피멍이 아른아른
이저리 쫒기며 비명이 난만하다. '어커나!
이건 폭행이다. 보이소오 이러다 암탉 다
죽겠네' 주인장 달려와서 일단 암탉마리를
격리시키는데 장 닭 중 제일 화려하게
잘 입고 잘생긴 놈이 눈알을 부라리며
붉은 볏 높이 쳐들고 목 버슬을 철렁이며
억센 발톱 현란한 꽁지깃을 치켜들고 제
칼 목젖 생긴 대로 내놓고 다리를 버팅기며
냅다 소릴 지르네!

우짜락 꼬오오오오!
우짜락 꼬오오오오!

다시 사월에

겨울 강 건너오는 사월은 발이 시려
현호색 동강할미 꽃대궁을 밟고 오네
앙가슴 여미며 오네 설레듯 고뇌하듯

한 사흘 봄비는 가늘디가는 시침으로
겨울의 굳은 관절 마디마디 푸는데
가난한 봄이 터지자 자꾸 발이 빠지네

겨우내 오가던 길 벚나무 가지마다
천지개벽 하듯이 팝콘폭죽 터뜨릴 때
배꼽에 꽃을 단 고목 풋 사월을 춤추네

까치꽃 별 싸라길 무한정 엎질러놓고
사월은 새로 핀다 새롭게 피고 싶다
아픔의 복판을 질러 환한 등을 켜든다

편주片舟
–언니 가시는 날

고요에 강이 실려 흰 돛배 한 척 뜬다
흐름을 타고 앉아 비문 읊는 저 강물
가슴이 다 저리도록
보름달이 기운다

새하얀 돛배에 앉아 삿대를 쥐는 여인
웃을 듯 손 흔들 듯 맨발로 가는 사람
적막에 빈틈이 있어
하늘은 푸르구나

사유의 실 머리는 무아無我처럼 가벼운가
고요바다 한가운데 서먹서먹 일엽편주
투명한 실루엣으로도
돌아보지 못 한다

칠월 연밭

덩그런 연잎에 코를 박고 잠자는 듯
애 잠재 한 마리 초록삼매에 빠진 건
연잎을 핑글 돌리는 초록바람이 먼저 안다
고요를 길어 올려 연꽃 하나 피울까
무청 빛 연꽃바다에 시 한줄 드리워놓고
연잎에 보슬대는 빗소리 눈감고 듣는다
연꽃은 펴오르고 활짝 벌다 더러 지고
꽃잎이 이울기 전 연실에 알이 차는
너울 귀 푸른 한낮이 초침처럼 가고 있다

척판암

척판암 옛 이름은 담원사라 하였는데

원효가 어느 한 날 북쪽을 쳐다보니

당나라 종남산의 절 태화사가 장맛비로
산사태가 나 무너질 판이라 태화사
천명대중을 구하려고 급히 척판구중현판을
냅다 던졌더니 그 판자 태화사 앞뜰에서
뱅글뱅글 돌았더라. 이 무슨 변고인고?
천명대중 우루루 그를 보러 뛰어나오자말자
우르르쿵쾅 큰 소리로 종남산 무너지고
태화사가 묻혀버렸더라. 목숨 부지한
천명대중 원효를 찾아와서 제자 되길
청했다니 그럼 제자 되고도 남아 스승을
따르지 않으랴 내원암과 89암자를 지어
천명대중 수행케 했다는데 우리 눈앞의
세월호 아, 그 어리고 귀한 생명 구중현판
던질 원효도 없고 어미가슴 무너져도
돌아오지 않는구나.

원효여, 이시대의 원효여 지금어디 계신가!

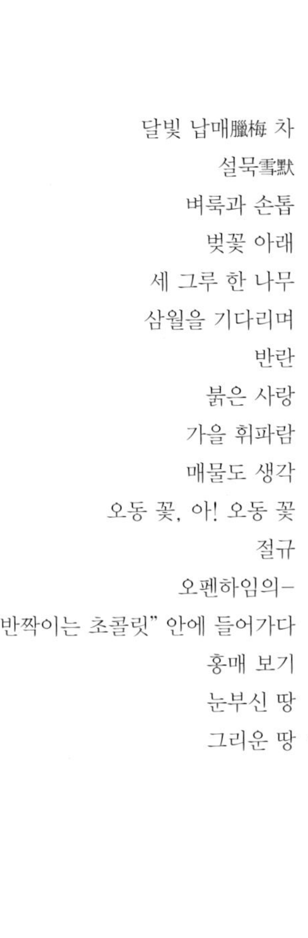

03 벚꽃아래

달빛 납매臘梅 차

이른 봄 입춘방은 납매가 먼저 쓴다

우수가 채 들기 전 눈을 반짝 치뜨고

서운암 납매 한그루 젖니 몇이 돋았다

하늬에 맨살 씻고 도톰하게 살 오르는

누구의 기도 말이 겨우내 깊었을까

말갛게 깍지를 트는 화답송이 구름 같다

함박눈 그친 들녘 달빛조차 희게 쌓여

달빛에 젖은 매화 혼자보기 아까워라

꽃배를 하나 띄우면, 찻잔속이 봄이다

1. 납매臘梅 : 섣달에 피는 매화
2. 납매臘梅 : 생강나무

설묵雪默

위성에서 전송된 지구 설경 속에서
한반도가 하얗게 백색통일에 잠입했다
꿈꾸듯 바라보았다 눈부신 희망의 날

희망을 말하기엔 멀고도 험난한 길
저 묵시의 전언은 의외로 소박하다
사랑의 섭리는 때로 봄 기다리듯 안타깝다

칼의 평화란 없다 어리석은 화두다
동토를 녹이려는 불타는 열망 앞에
빙산이 칼만 같아도 초인은 오시리라

참 오랜 열원을 칠십년만 앓았으랴
가신 자의 무훈 앞에 평화의 기를 세워
도적이 종적 없어도 오는 봄을 놓칠까

벼룩과 손톱

하는 말은 교묘하고
치댈 건 잘 치대고

눙치고
톡톡 튀고
피를 빨아
통통하다

대검이
벼룩을 치랴

손톱이 가렵겠다

벚꽃 아래

꽃 피어 흐드러지고 새 울어 자지러지고
글 한 줄 쓰렸더니 꽃 유혹에 잡힌 발목
꽃 아래 시 쓰지 마라, 온천지가 시 밭이다

겨우내 지친 설움 뼈마디가 저리도록
견뎌온 날숨까지 터뜨리는 봄이라고
새봄을 시제로 잡아 목석까지 시를 쓴다

풀꽃도 꽃나무도 땅도 하늘도 시밭이네
간절하면 쓰리라 가슴으로 읽히는 시
시낭송 퍼포먼스까지 통점들이 확 터진다

세 그루 한 나무

일광 지나 달리는 버스 차창 밖으로

숲 짙은 소나무를 오며가며 바라본다

한 지붕 기둥이 세 개 갸웃둥 바라본다

살펴보니 오른 편은 왼편을 포기하고

왼쪽은 왼 편만을 둥그렇게 길러내고

중앙은 가운데가 솟아 일가를 이루었다

살아가기 위하여 제 한 쪽을 버리는 건

나무도 하고 있다 아름다운 나눔이다

언젠간 연리목이 되어 천년 푸를 때까지

삼월을 기다리며

추운가 했더니 잎눈 더욱 깍지 들고

애련하다 생각하니 가지 끝이 더 떨린다

겨우내 온몸벼리기 바람의 푸른 채찍

바람을 잡아타고 그네 타던 마른 가지

순간도 놓지 않고 겨울 현絃을 깎았다

밤사이 활짝 폈다고 누가 쉬이 말 하는가

여린 가지에 엎드린 꽃눈을 비비며

상감 하듯 새겨 넣던 칼바람의 서간문

참꽃은 안타까운 봄을 맨살로 펼쳐 읽네

반란

그럼에도 꿈꾸는 몸통뿐인 그 사람
오토다케 히로타다* 아름다운 불가사의
장애는 그의 특별함이다
신은 늘 존재한다

축포를 터뜨리는 벚꽃
기다림과 연민사이
꽃피고 싶었다 오체불만족의 푸른 꽃
몸은 늘 반란의 감옥
마흔 그 푸른 나이

*오토타케 히로타다(일본어 : 乙武洋匡, おとたけ ひろただ, 1976년 4월 6일~ , 도쿄 도 신주쿠 구 출생)는 사지절단증으로 팔과 다리가 없는 장애인으로, 자신의 경험으로 『오체불만족』을 펴내 많은 인기를 얻은 일본의 작가
불윤에 휩싸이다.

붉은 사랑*

붉은 화면에 붉은 석류를 그리는
붉은 사랑 속에는 고통이 익었을까
인내와 상처가 별이 되어
보석처럼 박혀있다

피는 생명의 근원 드러나지 않는다
껍질 속 깊이 흘러 눈에 띄지 않을 뿐
생명의 힘찬 박동 속에
별이 튕겨 나온다

*붉은 사랑 : 석류 유화를 보며

가을 휘파람

나무들 서서히 단풍이 드는 가을
그리운 저 몸짓을 그냥 둘 수 있는가
가을을 기보하는 시간
하늘이
쾌청이다

세월에 물드는 것이 어찌 단풍뿐일까
서늘히 타는 꽃불 무한고요를 느끼며
타는 숲
환한 터널 앞
심호흡이 달콤하다

벌레가 갉은 잎을 가만히 만져보다
옥돌 닮은 생각을 함께 기보하노라면
가을은 내 입속에서
휘파람 소릴낸다

매물도 생각

매물도로 희망해 간 박 선생 내외분

나 오늘 좌천지에 유람선 타고 간다

귀양지 매밀 한 톨 빌붙는

절해고도,

눈 감는다

유람선 없던 날은 아득하기만 해서

배 한 척 설움처럼 간절하기도 하였어라

양귀비
빨간 언덕 하느작

그대 안부

그립다

오동 꽃, 아! 오동 꽃

어릴 땐 무시로 장독이 터졌어도
팔매치는 사람을 이해할 순 없었습니다
가슴이 터질 일이란 걸 철들자 알았지요

아버지 아, 아버지께선 어쩌다 그러셨는지요
어쩌다 하늘도 땅도 버렸단 말입니까
두 딸의 핏빛 절규는 바닥을 쳤습니다

뒤란에 오동꽃 향기 자우룩한 그 오월
툭툭 지는 오동 꽃을 울음처럼 줍던 소녀
말없이 쫓기는 마음, 이민을 떠났습니다

오랜 후 두 초록별이 낙화한 그 비보
아비의 죄 값을 죽음으로 치뤘습니다
보랏빛 오동 꽃 지듯, 내 벗 떠났습니다

새하얀 칼라를 세워 총명하던 내 벗들
오월 이 산하에 오동꽃으로 핍니다
나라는 나의 땅이라고 나의 하늘이라고

*아버지의 친일을 고뇌하던 사랑하는 두 벗님의 명복을 빌며.

절규

전장戰場을 거쳐 온 여자가 웃는다
뭉크의 그림 속에서 태어난 그 여자
청렬한 가슴을 가진 여자 웃으며 운다

아 와락 그녀는 머리를 움켜쥐며
하체에 돌 던지며 세상에 돌을 던지며
울다가 히히웃다가 지쳐 쓰러져 갔다

아이들 멋모른 채 깔깔대며 쫓으며
돌 던지며 따라간다 말릴 수가 없었다
상실된 저녁노을이 낭자하던 여름날

전장을 지나오며 폐허가 된 그 여인
울컥 진한 꽃을 물고 무덤에 갇혔지만
뭉크*의 절규 속에서 그 얼굴을 만난다

*6 · 25전쟁이 불같던 내 어린 시절, 부산극장 앞에서 보았다. 전장에서 남편과 아기를 잃고 정조를 뺏긴 여자가 미쳐서 거리를 헤매는 것을. 뭉크의 절규 속에는 그 여인의 혼이 있다.

오펜하임의 "반짝이는 초콜릿" 안에 들어가다

잃어버린 첫사랑은 초콜릿을 좋아했지

"반짝이는 초콜릿" 안에 가만히 들어서면

그 사람 보이지 않아도 서운 하지 않다네

상상이 평화로운 창작마을 가는 길엔

슬픔도 행복이라는 산다화 미로가 있어

그 문이 열리는 날은 첫사랑을 만난다네

길 따라 행인의 시가 되고 노래가 된

밤마다 반짝이는 오펜하임의 초콜릿

사람과 나루사이에서 긴 강이 흐른다네

*부산 Apak나루공원에 있는 미국작가 데니스 오펜하임의 작품

홍매 보기

세이레 눈떴다는 홍매 보러 절간 간다

이마 반듯한 젊은 승은 홍매를 바라보다

슬며시 자리를 뜬다 애련한 기별인 듯

이월 비 시침하듯 잔가지에 놓은 이슬

핑 그렁 풍경소리에 꽃도 설핏 귀가 열려

속마음 불 지피는 생각, 매운 향이 시리다

혹 알까 부끄러운 모르시면 서운 한 맘

필 듯 필 듯 부푸는 게 어찌 홍매뿐일까

눈감고 꽃그늘아래 꽃인 듯이 다가서다

눈부신 땅
—DMZ

소리가
빛을 물고
순간순간 일어서는

꽃 같은 그리움을 어쩔 수도 없어서

다 삭은
철모 구멍사이

목을 빼든 산메꽃

어디로
간 것일까
비루한 이 산하

그리움만 숲이 되어 해오라비 난은 피고

오빠아!

아득한 소리

비명으로
멈춰있다

그리운 땅

윗동네 배씨아저씨는 액자를 만들고

꽃은 피나마나 눈길 준일 없다는데

그 뜰에 하얀 민들레 나풀대던 봄 있었다

이 봄엔 내 뜰에도 하얀 민들레 폈다

사람과 풀꽃사이 이야기꽃이 흔들린다

새하얀 꽃잎을 펴고 날 그윽히 바라본다

우연과 필연사이 푸른 강은 흐르고

바람은 불어오고 매듭은 풀어지고

풀들도 날아 앉고픈 그리운 땅 있나보다

04 무관

달과 호수

호수에 빠져도 젖지 않아 달이 된다
젖은 발로 건너가는 열길 사람 속을 딛고
달 대신 마음이 빠져서 애먼 물만 먹는다

천길 바닥 속을 갈아 앉을 빛은 없다
꺾이다 돌아 나온 저 불망의 현주소
공기와 물 사이에서 굴절되는 나무들

유리창 맑은 빛 사이 핑그릉 울리는
한줌 비낀 햇살 속 서늘한 그대 눈빛
나무를 흔드는 바람 맘의 현이 떨린다

언약의 길을 떠난 날개 젖은 새를 위해
그대의 미소마저 달빛에 실어놓고
배 한척 흘려보낸다 호수는 쪽빛이다

가시연꽃

창세기를 읊어가는 우포늪의 새벽 비는
풀잎 끝 실잠자리 점 같은 귀도 열어
들릴 듯 아니 들릴 듯 창세기를 들려준다

구겨진 메시지를 소살소살 펼치다가
소나긴 저녁하늘에 무지개를 걸쳐둔 채
솟아난 뭉게구름타고 산을 넘어가는 데

성성한 가시연꽃이 시린 가슴을 열었다
저 진보라 가슴은 누가 쓴 메시진가
아파라 못내 아파라 다 읽을 수 없구나

온몸이 가시, 가시투성이인 삶의 이력
너는 네 고통을 선홍이라 고백하지만
선홍의 고백이 있어 숲은 선한 눈을 뜬다

신문 속의 시 한편

신문에도 숨구멍이 하나 뽕 뚫려있다

조 석간 할 것 없이 신문보기 숨 막힌다

이렇게 살벌해서야 숨이라도 쉬겠는가

세상온통 사고뭉치 이리 터지고 저리 밟혀
아등바등 대지르고 넘어지고 엎어지고
박 깨고 윽박지르고 바락바락 울부짖고

믿는 도끼에 발등 찍힌 보통사람들
난리 법구통에 질식이라도 할까보아

구급차 파르르 달려와서

산소를

포옹

내 뿜네

기러기행법

셔츠를 빨아 널다 기러기 떼를 본다
시청 같은 창공을 휘저으며 날아가는
기러기 비행보법에 울음 박자 퍼진다

가을 간짓대에 하얀 빨래 마르듯이
접힌 생각의 모서리를 펴보는 날
걸어온 생의 좌표는 실금잔금 어지럽다

실금을 따라오는 여린 기억의 상류에
쪽물로 부서지는 내 사유의 폭포수
만폭동 쏟는 물소리로 울음을 헹굴까

새는 길이 젖었을 때 울음 울지 않는다
하늘을 날기 위해 가슴을 비우는 새
선 후미 되받아 치며 아스라이 날아간다

용서가 길이라고 묵언의 집을 짓고
센바람 빗질하는 하늘빈객을 보아라
날개를 크게 벌릴수록 슬픔 가벼워진다

추위타기

강가엔 바람나무

바람 손을 흔드는 날

가슴 속 숨은 말은

하나도 못 꺼내고

애매한 며느리밥풀 꽃만

아느냐고

물었다

서랍 속의 시간

그대가 잡은 손은 언제나 따스하다
아직도 근시인 안경을 닦으면서
잠가 둔 시간의 고리 슬쩍 풀어놓는다

아직은 포자 안 된 꽃씨의 시간들이
북새통을 이루며 헝컬어져 있구나
매 발톱 까만 눈빛들 산골짝 꿈 굴린다

입춘지나 우수절 창밖의 비 소리에
움찔 움찔 키 높이던 고 작은 꽃씨들
아픔을 건너뛰는 발끝 봄이 온통 매달린다

섬 동백꽃

울음이 붉었다면 동백꽃을 꺾을라
섬에서 뭍까지 통통배로 한나절을
다발 째 붉은 동백꽃 사이섬을 건너온다

가지째 꺾었냐고 탓할 수야 없어서
백자 달 항아리에 정물로나 꽂을밖에
꽃이야 붉은 까닭을 말할 수도 없어서

섬 물빛 사무치게 푸른 줄만 알았지
낙도가 외로움인줄 꽃인들 어찌 알까
뭉클한 그리움만이 목을 꺾는다 해도

봄빛을 품에 안고 내 곁에 서고 싶은
붉은 꽃 그 마음을 어찌 곱게 받을까
봄 들자 울컥울컥 쏟는
그 울음을 어쩌라고

무관無關

처용의 아내가 저녁설거지를 끝 낸 후

개명 물 한초배길 안마당에 뿌리는데

축담에 두꺼비 한 마리

넙죽

여치를 물었다

가을병원 담쟁이

가을병원 창문을 오래도록 기어올라
내시경 보듯이 진료실을 들여다보며
담장이 넝쿨을 뻗는다, 그 마지막 잎새*

발돋음 하여도 다 보지 못하지만
귀 쳐진 강아지를 가슴에 품어 안고
소녀는 꿈을 꾸나보다 웃음이 슬프다

병원에 온 날을 하루하루 세면서
의사 옆 마리아상의 미소를 바라본다
기쁨이 햇살만큼이나 밝은 날 있다고

가을병원 유리창은 하늘물이 들었다
창문을 조심스레 들여다보면서
나무도 주기도문을 발갛게 읽고 있다

*오 핸리 작품, 마지막 잎 새

한 방

주스를 따르다가 병뚜껑을 닫는데
자꾸만 헛돌더니 홱 토라져 떨어진다
내 짝이 아니잖아요
순간 한 방 먹는다

사물은 저마다 제 역할을 알고 있다
먼눈 보고 대충한 거 그러려니 한 것까지
빙그레 웃고 닫는다
짝지를 점검한다

조각보를 펼쳐 걸다

작은 건 오목조목 모서리를 잇대이며
어깨를 마주대고 한 생각을 이을 법 해
손 여문 마실 이야기 자분자분 들린다

논배미 서마지기 물꼬 트는 조각 논
어머니 첩첩 가난 여며온 옆 솔기에
하늘이 알뜰살뜰히 손바닥을 잇대었다

시린 그 가을 하늘 푸른 깁을 펼치면
한 너새 기워내도 물이 새던 가난살이
골기와 흰 베래 끝에 야위던 그 그믐달

접혔던 진 솔기를 반듯하게 펼쳐보니
지나간 이야기가 새물같이 돌아온다
말갛게 살아온 꿈이 조각조각 숨 쉰다

봄비 내릴 듯한 날
–유화, 소녀 앞에서

소녀는 꿈을 접어 종이비행기를 날렸다

시간의 숲은 자라 푸르게 우거지고

유월은 화염같이 타올라 석류꽃 불 피운다

오랜 날 날개 타고 꽃피우고 향기 돌아

사랑은 낮은 곳을 화안하게 그려간다

어디서 '솔 소올 봄비가… '

내일來日을 열고 온다

진주남강

논개는 새벽마다 남강에 돌아와서
푸른 비단 자락에 서간문을 쓰고 있다
목숨은 구국의 종鐘이라고
일필휘지 해서체로

종은 울 때 울리고 목숨은 아깝게 쓴다고
오히려 화려하다 열손가락 옥가락지
절명絶命은 꽃의 승화다
요염한
여신의 혼

검은 서답 검게 빨고 흰 서답은 희게 빠는
진주남강에 빨래하는 저 처자 거동 보소
어머니 노랫가락에
옥가락지가
파랗다

지문

엄지를 정확하게 그림처럼 올렸는데

기계가 냉정하게 내 이마를 밀어낸다

난 언제 어머니처럼 손이 닳게 살았던가

손끝에 묻어나는 인육을 닦으면서

헛헛한 웃음을 혼자 웃는 대낮이여

낯 검은 이방인이 빙글 아는 웃음 웃는다

나는 또한 소우주 사랑의 신비라는

세상에 하나뿐인 누구의 희망인 걸

혼자서 미소 지으며 나를 달래 보는 날

낙동강에 새봄 돌아오듯

산은 높아서 좋고 강은 깊어서 아름답지
사람아 아니 그런가 하고 문득 돌아보니
낙강에 새봄 돌아오듯 잔물결이 밀려오네

이 푸른 강의 내력을 누가 모르랴
울어도 다 못 울어 강물은 여울져 흐르고
물떼새 강을 차고 날아 물무늬가 찬란하다

때로 강은 그리움에 범람도 하려니만
나룻배 한척 간들거리는 갈대숲멀리
유채꽃 푸른 강물과 그림처럼 흐르느니

아직도 기다림은 갈꽃머리 날리면서
강물에 꽃잎 지듯 그대소식 오시는가
촛불을 밝히시던 어머니 그예 강을 건너시다

05 미루나무

보리밭과 종달새

클래식을 들으면 마음이 맑아진다고
가벼운 숨은 날개 몇 장은 예비한다
한 올도 감추지 말라 실밥 터진 옆 솔기

길가의 민들레는 밟힌 만큼 눈을 뜨고
뿌리 바투 꽃 목 빼고 베시시 웃기는
감침질 기운 옆구리에 새가 들랑거린다

눈 이불 덮은 보리는 속 품이 넓어지지
자근자근 밟혀서야 튼실하게 일어서서
종달샐 날리는 거야
기쁨을 사는 거야

둥지 속 새알 같은

버스가 지나가면 원근법으로 물러서던
먼지 보얀 시골길 포플러 가로수들
목마를 태워주시던 아버지가 계셨다

아버지가 계셨다 둥지 속 보얀 새알
대처로 나가는 버스를 바라보던
마당 귀 환하던 언덕 위
자그마한 토담집

고추씨 같은 날은 추녀엔 고드름 얼고
성에꽃 보석처럼 유리창에 꽃이 피고

'아침에 찬물은 금이다!'

찬물 같은 아버지

시의 족적 1

가슴속 샘물 길어 꿈을 잇대 가던 길섶
어머닌 더운 가슴에 내 찬 발을 묻었거니
어머닌 길이 되었다 움푹 팬 시의 족적

밤늦도록 기다리던 초량버스 정류장
가난은 화마와 한통속이 되어가고
딸아이 늦은 귀가에 발끝이 곤두서는

어머니, 어머니여 황령산 기슭이사
망초꽃만 간들대며 하얗게 눈을 뜨고
쑥 한 점 캐지 못한 봄을 이태를 더 보내고

아가야 일어나라 선몽 속에 잠이 깬다
버선발 꽃만 같던 그 먼 길을 가신 후에
한여름 소나기소리로 내 꿈을 씻는 이여

내 어린 잠 속에

푸른 하늘에 흰 구름 가볍게 떠가지만
저 구름 어디에 잔비가 묻었을지
어머닌 도닥거리며 어린 나를 잠재우고

풀들은 고대 피고 나무마다 새잎 돋고
천지간 생명들은 사는 길이 다 있는데
살구꽃 심어둔 뜰에 분홍빛이 애잔하다

주어진 시간대로 달려도 다 못할 길을
봄꽃들은 앞 다투어 봉오리를 터뜨리네
말려도 누가 말릴 것인가
밀려오는 꽃 사태

유리고기로 살기

유리고기 투명하게 수족관을 오가며
자기는 청빈하다고 몸속을 보여주네
창자와 미세한 가시까지 고스란히 보이네

고난을 겪고 보니 사는 법을 알겠더군
모른 척 져주고 용서하고 기도하고
그래도 내 것은 있더군 푸른 바다와 푸른 산

백비에 돌아오는 선비의 마음같이
하늘에 그림 한 장 지워도 다 못하여
은밀히 기포를 뱉으며
가벼워지는
연습 중

학장동을 지나며

의사가 희망이라던 한 아이가 있었죠
할머니 같은 엄마가 연탄불에 끓여오던
알미늄 주전자 속 따뜻한 보리차 같은 날에

쥐포 냄새와 기계소리 작실작실 들려오는
열악한 자리에도 희망들이 좌충우돌
애들이 쏘아 올린 꿈에 나도 동승 했지요

자석을 갖다 대면 쇳가루가 줄을 서던
난감한 자리에서 공을 차고 놀던 친구들
치료는 공짜예요. 선생님!
꿈이 번쩍 날아온다

산비둘기를 초대하다

산비둘기 한 쌍은 우리 집 집지기라

텅 빈 집에 마실 와서 주인처럼
살고 있네 꾹꾸기 꾹꾸꾸구
콩 벌레 콩을 닮고 팥 벌레 팥을 닮아
햇볕에 내어널어도 제집이라 숨는다
불린 채 절구로 거피를 하려다가
법정스님 새 공양을 불현듯 생각하고
채반에 널어둔 채로 보시하기로 했네
나 없는 틈에 채반에 널어둔 팥을
맛보았던지 퇴근길에 철거덕 철문 열고
들어서자 손님을 초대했구먼
산비둘기가 네 마리 훌쩍 날다 도로앉네
우리집산비둘기 다리를 종종대며 손님을
붙잡네 못 본 척 곁눈치고 보았더니
친구마음 달래네 괜찮아 걱정 마,
나는 이집 집지기라니깐.

친구를 초대하는 건 사람하고 같다니깐

미루나무비

바람 손만 흔들다가
해를 보낸 미루나무

멋없이 큰 키로 가을하늘 쓸고 있네

마음도
가만 쓸어보는

키 큰 가을 빗자루

밥 그릇

평생 밥 먹고 살았다고 아버지봉분

그 옆에 밥그릇 오늘 새로 엎어놨다

비로소 젖가슴 한 쌍, 성형이 완성되다

티 없이 한생 잘 살았다고 그 밥그릇

땅은 곧 선반이라고 또는 시렁이라고

고봉밥 뚜껑을 덮고 아랫목에 묻었다

아버지의 아버지 어머니의 어머니도

밥 먹고 살기란 그리 쉽지 않았지만

때 되면 밥그릇에 밥 푼다 고봉밥 두 그릇

텅 빈 도시

세상일 참 철없어 변덕이 죽 끓는다
늦가을에 제비꽃, 때 아닌 봉선화
무엇에 속은 것 같은데 저 하늘은 파랗다

어여쁜 소녀들이 뱉어내는 저 꽃잎들
소월도 아니고 애너벨리도 아니다
더구나 풀잎에 이는 부끄럼은 더 아니다

길 잘 못 들었나싶어 혼자 우울해하다
전화로 불러본다 여보세요! 여보세요!
모두들 귀 씻으러 가고 도시가 텅 비었다

아 그래 나 홀로 두고 저들끼리 갔구나
귀 씻기 다 틀렸다 우울증이 도지는데
까또옥 보이스톡해요 참 어디 봄이 오남?

비에 젖은 계간지
-화답

읽다둔 계간지를 밤 새워 숙독하여, 눈물로 속가슴을 절절하게 적신 봄비, 그렇다 명시 한 줄은 때로 천길 폭포수다

가슴을 장식해도 코사지는 일회성, 나무를 사랑하라 일갈하는 저 소리가, 봄빈지 나무인지를 밤새 생각하는 중에

생각도 골 깊으면 그 끝이 모지라져, 둥글게 굴러가다 돌부리에 채는 걸, 시란 또 기도서 한권의 낮음 끝에 닿느니

나무를 사랑 하듯 영판 시를 사랑하는, 그리움에 젖어드는 봄비가 되는 나는, 조금씩 부끄러워하며 푸른 숲을 키운다

전어, 그리고 비늘구름

어머니의 전어는 비늘구름 속에 있다
동그란 두레 반에 파닥이다 누운 전어
그리움 내려놓을 수 없어 잔 비늘이 돋는다

초동은 두 번이고 어른 한번이라던
예언 같은 그 말을 처음 누가 겪었는가
열세 살 익힌 천자문은 졸수를 훌 넘는데

조곤조곤 노랫말은 아직 꽃 길 걸어도
곡조는 정처 없어 가을미로를 헤매는가
어디쯤 맺힌 고를 당겨 뒤집어도 보고싶다

턱없이 지난 일을 나비처럼 쫓아가다
기억의 회랑에서 퍼즐놀이에 몰두하는
먼 하늘 더 멀어지고 비늘구름 아스라하다

잠깐 뜬 무지개

오랜만에 남편의 셔츠를 다리는 아침

새색시 적 마음하나 혼자서 꺼내보고

뚜껑을 아예 열어둔다 겸손한 이침이다

나도 참 무디어간 보습처럼 닮았다

무심한 마음에 소금을 뿌릴까하다

푹 하고 물을 뿜는다 무지개 잠깐 떴다

자운영의 한생은 왜 향그러울까

둔덕에서 자운영 논갈이를 보았다
한 마장 꽃을 피워 녹비로 현현한다는
자운영, 보랏빛 들을 꿈꾸듯 본 일 있다

4월 묵정밭, 자운영 꽃보라 고흔 물결
황소는 움머어 꽃구름을 갈아엎지만
한동안 먹먹한 울음이 강물처럼 난출대지

한 생이 자식 밑거름이라던 내 아버지
가슴은 자운영 꽃밭, 가서 뒹굴고 싶은 땅
그대로 내리 사랑으로 향그러이 흘러가고

시월 논배미 풍년으로 돌아오는
제 목숨 흔적 없이 낟알 속에 현현하는
고작은 꽃의 그리움이 내 맘 속에 싹이 튼다

가시연 연가

억만 년 젖은 날이 초록으로 돌아왔다 개부들
생이가래 부레옥잠 꽃피어도 가시연 쉬 피지
않는다 깨달음이 그렇듯

백년 만에 한번은 꽃이 피는 행운을 나는 어느
백년에 맞을 수가 있는가 목까지 가시 돋은
업이 행운의 통로라니

가시방석 뚫고 나온 백악기의 파충류 한여름
땡볕에서 붉은 혀를 날름대는 허기진 꽃의
자궁을 가만히 껴안는다

누淚

누군가 던진 말에 가슴이 먹먹할 때
뻘 속에 발을 내린 연꽃을 생각한다
순한 귀 펄럭거리는 연잎이나 되어본다
수련은 제 꽃대를 눈물로 피워내고
고요를 갈마 안아 물속으로 잠기는가
말없는 꽃 세상에도 무량설법 환하다
꽃 질 땐 스스로 풍악쯤은 울려야지
눈물이 꽃이 되는 새벽강을 건너와서
연꽃은 달의 무늬를 정갈하게 읊어간다

06 작품해설

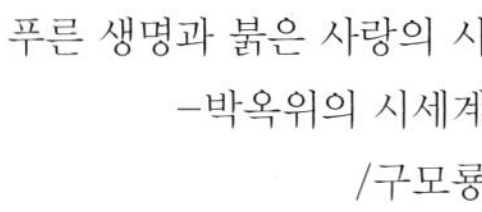

푸른 생명과 붉은 사랑의 시
–박옥위의 시세계

/구모룡

푸른 생명과 붉은 사랑의 시
−박옥위의 시세계

구 모 룡 | 문학평론가

시조 형식의 제약으로부터 자유자재로 자신의 리듬을 얻고 있는 데서, 박옥위 시인의 시는, 오랜 시작의 연륜으로 시인이 쌓은 내공을 느끼게 한다. 시인은 4음보 3행의 정격을 하나의 패턴으로 고정하지 않고 대상과 의미에 적합한 형태를 다양하게 변주한다. 물론 주어진 율격을 거부하거나 해체하는 실험 의지를 지녔음을 지적하고 있는 것이 아니다. 시조가 지녀야 할 변하지 않는 요소들을 전제하면서 살아 움직이는 율동을 이끌어내고 있음을 말한다. 마치 수영이라는 하나의 과정 안에서 다양한 형태의 유영들을 멋지게 선보이는 양상과 흡사하다고 하겠다. 그만큼 시인은 형식의 거추장스런 구속을 보이지 않는다. 이는 시작의 과정이 삶의 과정과 민활하게 연동하고 있음을 뜻한다. 먼저 시인이 대부분 연시조를 선택하고 있음을 주목하자.

소나기 한바탕 한 더위를 씻고 간 후
매미의 화답송이 푸르게 쏟아지고
여름은 점층 초록빛 에움 없이 푸르다

아이는 삐뚤빼뚤 성서를 쓰고 있고
나는 솔기를 펴가며 빨래를 개키고
카치니 아베마리아는 빗물처럼 흐르고

성모님 노래는 왜 그리 많아요? 엄마!
아이는 고린도 2서 7장을 삐딱삐딱 넘어가고
비 맞은 베고니아 꽃이 함초롬이 웃는다

그건 어머님께 드리는 간절한 기도란다
아이는 7장 13절을 살밋살밋 건너가고
아아아, 아베마리아~ 산마을도 푹 젖는다

(「카치니 아베마리아를 듣는 오후」 전문)

시가 던지는 의미들은 어떤 시학적 차원을 구성하고 있는 것일까? 그 하나는 일상성이다. 시적 화자는 구

체적인 일상의 계기에서 시적인 것을 건져낸다. '나'와 '아이'는 물처럼 흐르는 '키치니 아베마리아'의 선율 속에서 함께 대화를 나눈다. 밖은 소나기가 씻고 간 푸른 여름이다. 성서를 읽고 쓰는 아이와 나는 '어머니의 간절한 기도'에 대한 의미를 나눈다. 전반적인 시적 흐름은 의미가 고조되는 점층의 형식이다. "아아아, 아베마리아~ 산마을도 푹 젖는다"라는 마지막 연의 마지막 행에서 알랭 바디우가 말라르메를 인용하여 사랑의 의미를 새긴 구절처럼 "물결 속에서 발가벗은/네 기쁨에 이른 너를" 만나게 된다. 이것이 이 시가 구성하는 두 번째 시학적 차원이다. "카치니 아베마리아"를 들으면서 시적 화자는 무엇을 의도하였을까? 삶이 사랑이며 이 사랑을 가능하게 하는 버팀목이 시라고 말하고 있는 것은 아닐까? 좀 더 나아가 시인에게 시는 삶에 대한 위안이자 고통과 고난을 이겨내게 하는 긍정과 희망의 원리라고 해도 될까? 이러한 의미를 역동적으로 전달하기 위하여 시인은 연시조의 변주를 의도한다. 1연이 외부의 풍경이라면 2연은 시적 화자가 놓인 정황의 서술이다. 3연에서 이러한 정황이 지닌 의미가 증폭된다. '나'와 '아이' 사이를 매개하는 것은 두 가지이다. 그 하나는 '아베마리아'이고 다른 하나는 '성경'이다. 그리고 이러한 매개들이 사랑의 징표로 작동한다. 여기서 사랑은 "온갖 고독을 넘어서 세계로부터 존재에 생명력을 불어넣을 수 있는 모든 것과 더불어 포획되는 것"이자 "타자와 함께하는 행복의 원천이 나에게 주어지는 것을 직접" 보는 것(알랭 바디우)이다. 이는 음악의 선율 속에서, 하나의 물결 속에서, 함께 기쁨을 나누는 일과 다르지 않다. 4연이 말하고자 하는 것은 이러한 사랑에 대한 시적 화자의 의지이다. 그 의지는 이미 있는 사실의 확인에 그치지 않으며 장래의 일로 열려 있다. 4연의 마지막 행은 열린 의지에 상응하는 시적 진술이라 할 수 있다. '아아아'라는 영탄의 목소리는 고난과 사랑, 의지와 희망을 구분하지 않는다.

박옥위 시인의 시는 시인의 생활과 행위, 의식과 가치와 분리되지 않는다. 시의 대상과 시작의 계기들은 나날의 삶 속에서 찾아진다. 가령 「물금역」은 1연에서 "무궁화 완행열차" 여행으로 시작되지만 2연을 지나면서 "어머니"에 대한 회상으로 나아가고 마침내 3연에서 "불치병에 숨져가던 어린 손자를 품어 안고/수

염 하얀 명의를 찾아 물금역을 찾아가던" "어머니"를 그려낸다. 기억의 현상학을 드러내는 「물금역」과 달리 「양철고기」는 풍경을 재현하는 사진작가의 결정적 순간처럼 하나의 장면을 매우 경쾌하게 표출한다.

풍경風磬 속/양철고기 가랑가랑 독경 한다//스님은 칩거하고/꽃들도 잠든 절간//햇살이 내소사 꽃살문과/함께 졸고 있는 날//어쩌다 물을 잃고/추녀 끝에 매달려서//팔라당팔라당/세상일을 떠났을까//날아온 되새 한 마리//"까악!"//놀라 날아간다

4음보 3행의 정격에서 벗어나 시행을 바꾸고 연을 늘림으로써 생동하는 리듬을 창출하고 있다. 대상에 대한 느낌(feeling)에 상응하는 형식의 출현이다. 소리 내어 읽을 때 시인의 의식과 시의 율동이 지닌 생동감이 더욱 크게 표출될 시가 아닌가 한다. 이처럼 시인은 형식의 추상에 느낌과 의식을 의탁하지 않는다. 오히려 기존의 패턴을 흔들거나 새로운 패턴을 형성하면서 감각과 생각을 표현하려 한다. 「절구공이」나 「4월 꽃사태 아라리」도 이와 같아서 시조가 누릴

수 있는 자유의 임계를 다시 생각하게 한다. 특히 "슬픔아 내 아픔아 아리아리 꽃피어라/산과 들 강 바다에 꽃 깃발을 펄럭여라/사월은 꽃 피어 아리다/언제 진정 봄이 오나"라는 후자의 마지막 연에 이르면 느낌이 시행 발화를 통하여 살아있는 리듬으로 현현하는 극치를 경험하게 된다. 시조의 형식미학에 있어서 시인이 천의무봉의 경지를 넘본 것일까? 그도 그러한 것이 형식에 관하여 시인은 자유자재의 진자운동을 보인다. 진자의 한 극에 「뜰에 온 봄」과 같은 연작 형식이 있다면 다른 한 극에 「낙동강에 새봄 돌아오듯」과 같은 정격이 놓여 있는 셈이다. 앞서 말했듯이 정격에 가까운 시조조차 단시조가 아니며 죄다 연시조라는 사실을 거듭 지적할 수 있을 것이다. 시행과 연의 변환을 통한 리듬의 창출은 앞서 예를 든 것처럼 매우 다채롭다. 이 가운데 2행 대신에 사설을 기입하는 방식도 수행된다.

반송동 골목길에 이른 봄꽃 흐드러진다

눈길 가는데 발길 간다는데 꽃밭이 환하네

큰 물통 작은 물통 큰 화분 작은 화분 사과궤짝에
섬초롱 백합 철쭉 채송화 장다리꽃 붓꽃에 접시꽃
천리향 아욱꽃 옥잠화 붉은 달개비에 보리까지 피네
오호 봄이 한창이네 하고 컴컴한 가게 안으로
고개를 디밀자 혹시 날 찾능교? 간장 된장 고추장
참기름에 식용유 깨소금 후추에 고춧가루 밀가루 당면
소금에 까나리 액젓까지 이름표를 달고 앉아 나를
빤히 보는데 메르스 예방인가 고추방아만 넌지시
마스크를 하고 있네

어정쩡 이집 주인내외 평생
고추 빻고 살아도 꽃 없이는 못 산다네
(「혹시 날 찾능교?」 전문)

사설시조의 미학은 단시조와 연시조에서 담을 수 없는 내용에서 비롯하는 요설과 장광설의 배치에 있다. 시인은 봄꽃 흐드러진 마을 풍경의 구체를 담아내기 위한 방법으로 2연을 그에 적합한 사물의 열거와 묘사로 활용한다. 형식을 통한 유희와 더불어 실감을 재현하는 방편이라 할 수 있다. 「우짜락 꼬오오오오」나

「척판암」도 이와 흡사하지만 전자가 유희의 측면이 강하다면 후자는 이와 더불어 이야기에 대한 욕구가 내비친다. "하여 상 중 하 내원암을 짓고 89암자를 지어 천명대중/수행케 했다는데 우리 눈앞의 세월호 아, 그 어리고 귀한 생명/구중현판 던질 원효도 없고 어미가슴 무너져도 돌아오지 않는구나."라는 구절의 전언처럼 시인의 현실인식을 반영한다. 박옥위 시인에게 있어서 사설시조 현상은 뚜렷한 경향이라 할 수 없다. 다만 불변체의 율격이 지닌 추상의지를 거부하면서 개성적인 목소리로 발화하여 시조의 현대성을 획득하려는 기획의 일부로 보인다. 이보다 시인은 민활한 생의 감각을 생동하고 발랄한 리듬으로 표현하려는 의욕을 강하게 지닌다. 예를 들면「살구꽃이 하하 웃네」와 같은 시가 대표적이다.

새댁이 장독 뚜껑에 물옥잠을 띄워놓아
다릴 주욱 벋으며 암비둘기 목욕해요
초여름 조용한 현관 앞
혹옥잠 핀 욕조에요

현관문을 열려다 얼결에 닫는 새댁
망보던 수비둘기 종종종종 빙글빙글
자기야! 자기 자기야! 숨이 꼴깍 멎겠네

어떡하니 새댁이 유리창을 내다보니
산비둘기 부부 그새 나무 가지에 올라 앉아
제 간肝이 콩알 만해 졌다나
살구꽃이 하하웃네

이 시는 시적 화자의 어조와 태도에서 벌써 주목된다. 선경후정의 전통시조나 객관 서술에 기반한 묘사 우위의 미학과 무연하다. 어조는 실제 발화에 가깝고 태도는 매우 친밀하다. 의성어와 의태어를 활용하는 등 언어감각이 뚜렷할뿐더러 각 연의 시행 변주가 생동한다. 인간과 자연사물의 교감이 민활하고 생명에 대한 낙관이 돌올하다. 그 궁극에 비인칭적인 서정적 신체의 기미가 발현되고 있다. 니와 너, 나와 그것의 경계를 넘나드는 서정의 의지는 모든 살아있는 생명에 대한 사랑과 다를 바 없다. 이와 같은 형식과 내용의 조화는 「비로용담꽃」에서 알 수 있듯이 고전적 적

합성이 아니라 생명체가 지닌 유기적 통일성과 연결된다. 시인은 인위적으로 형식을 해체하거나 반대로 변하지 않는 율격에 합치하려는 의도된 생각을 지니고 있지 않다. 시쓰기와 삶을 연속성으로 사유하면서 둘 모두를 생명현상의 연장으로 받아들인다. 그렇기 때문에 형식의 탄생이 자연스럽다. 시적 발화 또한 직절하다. 이런 가운데 "가슴 속 지문"이 "청보라빛 물무늬"로 드러나는 것이 아닐까?

「시인의 말」을 통해 시인은 "시는 내 영혼의 안개"라고 말한다. 사물에 대한 느낌이나 마음의 요동을 지나 전개될 영혼은 시인의 궁극적 지향이 아닐까? 영혼의 삶은 삶의 모든 미로를 통과한 연후에 도달하는 것이다. 시인은 안개로 가려진 자아의 도상에서 영혼을 갈구한다. 이 또한 시인의 시업이 획득한 높이이다. 자아의 삶과 자아로부터 벗어나는 삶의 기로에서 서성이는 시인은 "시 찾아 헤매다닌 사향노루 한 마리"처럼 "제 몸이 향기인줄"(「사향노루 생각」에서) 모르는 존재이다. 그만큼 자아와 영혼의 이월은 쉽지 않은 과정이다. 「낙엽 단상」의 상념과도 같이 삶에 대한 시인의 인식은 고통의 미로를 벗어나려 한다. "갈 길을 미리알고 떠나는 성자같이/단풍도 떠나는 날 꽃단장이 눈부시다/후회도 눈물도 없는 가을하늘 말끔하다." 영혼의 표정이 있다면 아마 이와 같을 것이다.

살아도 잘 살기란 거기서 거기라고
살아본 나뭇잎이 나무를 떠날 때
몸으로 부딪힌 말들이 바알갛게 타오른다

고 작은 이파리에 갈 길을 물어보며
자벌레 하루살이 갉고 간 문장들이
때로는 비문秘文이 되어 신전에 바쳐진다

갈 길을 미리알고 떠나는 성자같이
단풍도 떠나는 날 꽃단장이 눈부시다
후회도 눈물도 없는 가을하늘 말끔하다
(「낙엽 단상」 전문)

그러나 시인은 이러한 페르소나를 성급하게 선취하려 하지 않는다. 자아로부터 모든 집착을 소거할 수 없는 것이 삶의 곤경이라면 시는 이러한 곤경을 회피

하지 않고 극복하여 더 큰 화해의 세계로 가는 과정이라 할 수 있을 것이다.

해와 물이 쓴 시는 늘 나의 애송시다
거침없이 써 내려간 유장한 그의 시
슬며시 다가와서는 내 가슴에 북을 친다

시란 어둠을 견뎌 하얀 뿌리로 일어선다
가까운 강이나 넓은 바다에 나서보면
지금도 시 수수 편편이 하늘로 날아간다

물결의 반짝임과 빛의 춤을 보아라
시란 그래야한다 그걸 읽어야한다
도도한 생명의 흐름 그게 바로 시라고

겨울을 살아온 풀꽃 작은 숨결을 보아라
심장에 북을 치는 미답의 저 시어들을
너와 난 생명의 시다 나도 너의 애송시다
(「해와 물의 시」 전문)

시로 쓴 시론 혹은 시론시라 할 수 있다. "해와 물이 쓴 시"가 "나의 애송시"이고 "나도 너의 애송시"라고 요약된다. 이 시에서 해와 물은 모든 생명을 나타내는 제유(synecdoche)이다. 자연의 생명현상이 유장하게 표출되는 과정을 시인은 시로 받아들이며 그것에 깊이 공감한다. 그래서 "시란 어둠을 견뎌 하얀 뿌리로 일어선다"라는 아포리즘을 얻는다. 이와 같은 식물적 상상력은 유기론(organology)에 근거를 두고 있다. 씨앗이 힘겹게 발화하여 뿌리를 내리고 줄기를 올리면서 그 가지에 꽃을 피우고 열매를 맺는 과정이 연상되는 것이다. 고난과 고통의 시간들은 마침내 아름다운 꽃으로 결실을 맺는다. 시인은 이와 같은 생명시학을 견지하고 있다. 그렇기 때문에 도처에 수수 편편의 시가 있다. 자연이 시라면 시인은 스스로 이와 같은 시를 생탄해야 한다. "물결의 반짝임과 빛의 춤을" 지닌 시를 갈망하는 것이다. 시는 "도도한 생명의 흐름"이 되어야 한다고 생각한다. 그리하여 시는 겨울을 견디고 대지를 뚫고 피어난 초록 풀꽃과 같은 것이다. 이것이 곧 "생명의 시"이다. 생명의 시는 모든 살아있는 것을 연민하고 사랑하는 영혼의 슬픔을 지닌다. 영혼의 위치에서 생명은 고통이며 환희와 고요조차 슬픔의 신체일 뿐이다. 시인은 생명의 시를 노래하면서 영혼을 생각한다.

시인은 봄을 지배적인 모티프로 삼고 노래하고 있다. 왜 그럴까? 그것은 생명의 시학, 사랑의 시학, 영혼의 시학을 지향하기 때문이다. 생명 현상은 겨울에서 봄으로 가는 과정에서 뚜렷하다. 이러한 생명에 대한 낙관과 사랑은 생명체가 지닌 유한성으로 인하여 슬픔을 품는다. 영혼의 시좌에서 발랄한 생명의 붉은 개화도 차가운 푸른 꽃으로 보일 수밖에 없을 것이다. 그러나 이러한 영혼의 시학은 시인의 본령이 아니다. 다만 「비밀」과 같은 시에서 그 기미를 읽을 수 있을까? 어쩌면 이 시는 시인의 시편에서 드물게 난해하다. "내 거기 벗어둔 남루"와 같은 감각이 지향하는 바가 "죽어서/생명의 집이 되는 갈대 늪 아래/무수히 빛 켜드는/유충의 꿈"과 어떻게 이어질까? 생명에 대한 무한 낙관은 아닐 것이며 존재와 소멸의 순환에 대한 인식으로 읽힌다. 「돌복숭 나무」가 말하듯이 생명은 사랑이다. 시인이 지금 서 있는 곳은 이 지점이다. 그러므로 겨울에서 봄으로 가는 과정이 시의 주요한

플롯이 되었다. 앞에서 언급한 「해와 물의 시」가 시인의 시관을 잘 해명하고 있듯이 시인은 어둠과 고통을 견디고 이겨내어 생명의 환희가 꽃피는 과정을 노래하려 한다. 달리 통점들을 터뜨리는 시에 대한 희망이라고 할 수 있을 것이다. 「벚꽃 아래」는 "간절하면 쓰리라 가슴으로 읽히는 시/시낭송 퍼포먼스까지 통점들이 확 터진다"라고 생명의 시가 기능하는 의미를 제시한다. 또한 「주상절리 들국화」는 "아픔을/끌어안고 웃는//네 모습이/절창이다"라고 표현하고 있다. 통점과 아픔을 터뜨리고 발산하는 꽃에 대한 기호가 분명하다. 이러한 표현들은 삶과 세계를 이해하는 인식틀과 무연하지 않다. "까치꽃 별 싸라길 무한정 엎질러 놓고/사월은 새로 핀다 새롭게 피고 싶다/아픔의 복판을 질러 환한 등을 켜든다"(「다시 사월에」에서). 아픔의 자리가 환하게 밝아오는 과정은 아름답다. 캄캄한 어둠 속에서 반딧불이의 존재는 희망이다.

시인의 시적 의식은 많은 경우 봄을 향하고 있다. 시인에게 "내일"(「봄비 내릴 듯한 날」에서)의 기대는 "봄"의 이미지에서 발현되고 시인의 시간에는 "아픔을 건너뛰는 발끝 봄이 온통 매달린다"(「서랍 속의 시간」

에서). 겨울에서 봄으로 가는 플롯은 희극이다. 다시 말해서 낙관적인 희망으로 귀결된다. 유기적인 생명은 이러한 낙관으로 무서운 희망을 품는다. 간혹 「가을 병원 담쟁이」나 「가을 휘파람」과 같이 가을의 고요를 노년에 빗대기도 하지만 "인내와 상처가 별이"(「붉은 사랑」에서) 되는 붉은 사랑의 생명현상을 더 주목한다. 그러나 시인의 시적 지평은 열려 있다. 예외적일 만큼 정격에 가까운 세 편의 연작시인 「달과 호수」, 「가시연꽃」, 「기러기행법」을 보라. 마음과 몸이 사물과 교응하고 고통으로 연단되며 슬픔으로 비상하는 과정이 펼쳐지고 있지 않는가?

용서가 길이라고 묵언의 집을 짓고
센바람 빗질하는 하늘빈객을 보아라
날개를 크게 벌릴수록 슬픔 가벼워진다
(「기러기행법」 부분)

자아의 삶에서 벗어나 침묵과 고요로 비상하는 길은 열려 있다. 고통의 미로가 생명의 환희로 대체되는 감정이입과 투사의 지평에서 벗어나 영혼의 슬픔을 궁리하는 시적 과정이 기대되는 대목이다. 형식의 자유자재가 무애의 정신으로 발현될 가능성도 큰 것이다. 그만큼 시인은 오랜 동안 시와 함께 더불어 살아왔다. 그것은 해와 같고 물과 같은 것이다. 그 안에서 빛나는 생명의 시들을 듣고 노래한 것이다. 이처럼 도저한 자연스러움은 시조시인으로서 박옥위 시인이 획득한 진귀한 성취이다. 이제 그는 느낌과 형식의 자유가 아니라 자아와 존재의 자유를 궁리할 단계를 맞고 있다. 이미 이러한 기미를 숨길 수 없다. 영혼의 시라는 문제의식이 그것이기 때문이다.